# BEI GRIN MACHT SICH IHR
# WISSEN BEZAHLT

- Wir veröffentlichen Ihre Hausarbeit,
  Bachelor- und Masterarbeit

- Ihr eigenes eBook und Buch -
  weltweit in allen wichtigen Shops

- Verdienen Sie an jedem Verkauf

## Jetzt bei www.GRIN.com hochladen
## und kostenlos publizieren

Dominik Wagner

# Sicherheit in DBMS

GRIN Verlag

**Bibliografische Information der Deutschen Nationalbibliothek:**

Die Deutsche Bibliothek verzeichnet diese Publikation in der Deutschen National-
bibliografie; detaillierte bibliografische Daten sind im Internet über http://dnb.d-
nb.de/ abrufbar.

**Impressum:**

Copyright © 2011 GRIN Verlag, Open Publishing GmbH
Druck und Bindung: Books on Demand GmbH, Norderstedt Germany
ISBN: 978-3-656-92744-0

**Dieses Buch bei GRIN:**

http://www.grin.com/de/e-book/173131/sicherheit-in-dbms

**GRIN - Your knowledge has value**

Der GRIN Verlag publiziert seit 1998 wissenschaftliche Arbeiten von Studenten, Hochschullehrern und anderen Akademikern als eBook und gedrucktes Buch. Die Verlagswebsite www.grin.com ist die ideale Plattform zur Veröffentlichung von Hausarbeiten, Abschlussarbeiten, wissenschaftlichen Aufsätzen, Dissertationen und Fachbüchern.

**Besuchen Sie uns im Internet:**

http://www.grin.com/

http://www.facebook.com/grincom

http://www.twitter.com/grin_com

# Sicherheit in DBMS

Dominik Wagner

Mai 2011

**Zusammenfassung**

Diese Seminararbeit befasst sich mit Sicherheit in Datenbank Management Systemen. Die Sicherheit in DBMS und der Schutz vor unbefugten Zugriffen auf sensiblen Daten haben sich im Laufe der Zeit zu einer der wichtigsten Themen im Bereich Datenbanken und Datenbank Management Systemen herauskristallisiert. Es wird auf die historische Entwicklung und in weiterer Folge auf die wichtigsten Zugriffskontrollen (Discretionary Access Control und Mandatory Access Control), auf Multilevel Datenbanken, sowie Kryptographie eingegangen.

## 1 Einleitung

Ein zentrales Thema heutiger Datenbank Management Systemen ist, wie man möglichst effizient die Sicherheit von sensiblen Daten gewährleisten kann. Im Laufe der Zeit ist die Komplexität der Schutzmechanismen, sowie die Angriffsmöglichkeiten, aufgrund der weiten Verbreitung und Vernetzung von verteilten Datenbanken, stark angestiegen. Es reicht bei langem nicht mehr aus, die Serverräume physikalisch zu schützen. Viel mehr muss die Authentizität, Richtigkeit, Abhörsicherheit der Daten und Verhinderung von unerlaubten Zugriffen auf diese eine zentrale Rolle spielen. Weiters müssen die Daten nicht nur von externen Gefahren, sondern auch von internen Gefahren geschützt werden. [3]

Die DBMS - Sicherheit muss folgende drei Bereiche abdecken:

- Authentifizierung/Authentisierung - Damit der Benutzer Zugang zu der Datenbank erhält, muss er sich bei dem DBMS authentisieren. Das DBMS verifiziert diese Authentisierung und gewährt bei Gültigkeit einen Zugriff oder eben nicht. Am weit verbreitesten ist die Identifizierung mittels eines Passwortes. Aufgrund der Schwachstellen von Passwörtern bzw. der falsche Umgang mit diesen, werden verstärkt biometrische Verfahren, wie zum Beispiel Fingerprint, Irisscan, Gesichtserkennung etc. oder eine Kombination von biometrischen Verfahren mit einem Passwort eingesetzt. [5, S.349]

- Zugriffskontrolle - Das DBMS ist dafür verantwortlich, dass Subjekte Zugriffe auf Ressourcen erhalten, für die sie die nötigen Rechte besitzen. Die Anforderung der Zugriffskontrolle wird in den nachfolgenden Kapitel behandelt. [5, S.349]

- Auditing - Datenbank Auditing ermöglicht das Aufzeichnen aller Modifikationen, die an der Datenbank durchgeführt wurden. Dies ermöglicht das Erkennen von Angriffen auf die Datenbank oder unerlaubten Zugriffen bzw. Änderungen der Daten. [1, S.43-46]

Dieses Paper behandelt die verschiedenen Zugriffskontroll - Modelle.

# 2 Historiche Entwicklung

In diesem Kapitel wird ein kurzer geschichtlicher Überblick über die steigende Wichtigkeit von Sicherheit in Datenbanken und DBMS, sowie die historische Entwicklung der Forschung im Bereich Datenbanksicherheit gegeben.

## 2.1 Die Anfänge

In den Jahren vor 1980 waren Datenbanken und Datenbank Management Systeme nicht weit verbreitet. Staatliche Einrichtungen waren die Ersten, die sich Gedanken über die Sicherheit von sensiblen Daten gemacht haben. Organisationen klassifizierten die Gefahren anhand der wenig bekannten Schwachstellen und zwar in physikalische und logische Gefahren. Physikalische Gefahren wurden zum Beispiel durch Zutrittskontrollen zu den Serverräumen entgegengetreten. Die Angreifbarkeit auf logischer Ebene wurde in dieser Zeit noch nicht so viel Beachtung geschenkt, da die Datenbanken meistens statisch und nicht mit dem Internet verbunden, also offline waren. [4, S.1-5]

## 2.2 Die frühen 80er

In der Zeit von 1980 bis 1990 breitete sich die Verwendung von Datenbanken und somit auch die Motivation der Angreifer, diese zu attackieren, aus. Es wurden eine Vielzahl an Tools entwickelt, um mit wenig Wissen über die Materie, Schwachstellen in solchen Systemen auszunutzen. Es wurden nun Client - Server Modelle eingesetzt, wobei dem Client nicht mehr volles

| | File1 | File2 | Prozess2 | Ressource1 |
|---|---|---|---|---|
| User1 | Write | Read | | Read |
| User2 | | Read/Write | Execute | |
| Prozess1 | Execute | | | Read |

Tabelle 1: Beispiel für ein Zugriffsmatrix

Vertrauen geschenkt wurde. Die Forschung konzentrierte sich hauptsächlich auf Zugriffskontrollen. Im Fokus der Forschung lagen ebenfalls die Bereiche Multilevel Datenbanken, Discretionary Access Controls, Mandatory Access Controls, sowie Kryptographie in Datenbanken. [4, S.5-8]

### 2.3 1991 - 2000

Aufgrund der Entwicklung des Windows Browsers, sowie das Bestreben, das Internet auch für kommerzielle Zwecke einzusetzen, verursachte eine regelrechte Informationsexplosion in dieser Zeit. Die Verbindung der Datenbanken mit dem Internet brachte viele neue Gefahren mit sich. Es wurde weiter in den Bereichen Access Controls und Kryptographie geforscht. [4, S.8-12]

### 2.4 Ab 2001

Die Menge der zu speichernden und dadurch auch zu schützenden Daten steigt stetig an. Unternehmen und (staatliche) Organisationen verfügen über Datenbanken, die hoch sensible Daten beinhalten. In den Datenbanken von Social Networks, wie zum Beispiel Facebook und Twitter, befinden sich Unmengen an personenbezogenen Daten. Auch die Anzahl der Webapplikationen, die Datenbankzugriffe über das Internet ausführen, vervielfacht sich. Kryptographie beginnt eine immer größere Rolle zu spielen, da Hackerangriffe und unerlaubtes Abhören der Informationen zum Tagesgeschäft der Sicherheitsverantwortlichen gehören. [4, S.12-15]

## 3 Discretionary Access Control

Das Discretionary Access Control (DAC) Modell ist ein verbreitetes und einfaches Model für die Zugriffssteuerung. Die Funktionsweise von DAC beruht auf der Überlegung, dass ein Subjekt, wie zum Beispiel ein User, bestimmte Operationen auf bestimmte Objekte (zum Beispiel Tabellen usw.) anhand seiner Identität und die im DAC spezifizierten Zugriffsregeln zu diesem Subjekt, ausführen darf. Solche Regeln können zum Beispiel in einer Zugriffsmatrix gespeichert werden.

In Tabelle 1 wird eine exemplarische Zugriffsmatrix angeführt.

Im DAC Modell gibt es mehrere verschiedene Berechtigungsmodelle. Die zwei wichtigsten sind:

- Centralized Administration - Es gibt wenige ausgewählte User, die Berechtigungen erteilen und aufheben dürfen. [2, S.5]

- Ownership Administration - Der Erzeuger der Datei hat die Möglichkeit Berechtigungen bezüglich einer oder mehreren Dateien anderen Benutzern zu erteilen und aufzuheben. Diese Funktionalität macht das DAC Modell einerseits sehr flexibel, andererseits ist diese Eigenschaft auch eine Schwachstelle dieses Systems, da zum Beispiel die Sicherheitsverantwortung den Angestellten obliegt. [2, S.5]

Es gibt verschiedene DAC - Modelle für realtionale Datenbanken, sowie für objektorientierte Datenbanken. In dieser Seminararbeit wird nicht in die DAC - Modelle für objektorientierte Datenbanken eingegangen, da dies den Rahmen sprengen würde. Wichtig zu wissen ist, dass die DAC - Modelle für relationale Datenbanken nicht für objektorientierte Datenbanken übernommen werden können, aufgrund der großen Unterschiede zwischen diesen beiden Datenbanktypen. [2, S.5]

**DAC in Relationale Datenbanken**

Die wesentlichsten DAC Modelle in relationalen Datenbanken sind

- System R authorization Model - System R war einer der ersten Modelle, die für relationale Datenbanken entwickelt wurde. In diesem Modell gibt es verschiedene geschützte Objekte, wie zum Beispiel Tabellen, Stored Procedures usw. Will ein User zum Beispiel auf eine Tabelle mittels SQL zugreifen, so gibt es verschiedene Zugriffsmodi, die den SQL Operationen entsprechen. Solche Zugriffsmodi sind „select, insert, drop, delete, update, join uvm.". [2, S.5-7]

- Content - Based Access Control - Die Zugriffskontrolle erfolgt in diesem System aus dem inhaltlichen Kontext zwischen Subjekt und den Daten, auf welches dieses zugreifen will. Zum besseren Verständis werde ich ein kurzes Beispiel anführen: Ein Professor einer Universität, der eine Lehrveranstaltung leitet, soll nur Zugriff auf die Daten der Studenten, die diese Lehrveranstaltung besuchen, haben. Sprich, bei einer Abfrage, werden alle Tupel, die diese Bedingung nicht erfüllen automatisch gefiltert. [2, S.7-8]

- Roled Based Access Control - Das RBAC Modell ist einer der wichtigsten Modelle für Zugriffskontrollen. Der Vorteil bei diesem Modell liegt vor allem darin, dass durch das flexible Konzept der Rollen eine hierarchische Organisationsstruktur bezüglich Zugriffskontrollregeln abgebildet werden kann. Es existiert eine Rollenhierarchie, das heißt Rollen

4

können wiederum Rollen, sogenannte Subrollen, beinhalten. Wenn sich zum Beispiel ein Verkäufer in einer Firma in der Subrolle „Verkäufer in Region A" befindet, und dieser wird in die Region B versetzt und arbeitet nun dort, so braucht man diesen Benutzer nur in die Subrolle „Verkäufer in Region B" verschieben. Ein schwerwiegendes Problem von diesem Modell ist, dass wenn eine Rolle zu viele Zugriffe bekommt, und einer der User in dieser Rolle kompromittiert wird, so ist ein Großteil, wenn nicht sogar die gesamte Datenbank kompromittiert. Zur Lösung dieses Problems wurden die „Seperation of Duty Constraints" eingeführt. SoD Constraints verhindern die Erteilung von zu vielen Rechten an einem Benutzer. Seperation of Duty Contraints können in statische und dynamische klassifziert werden. Statische SoD verhindern die Überschneidung von mehreren Rollen. Das heißt, dass sich ein User nicht gleichzeitig in mehreren Rollen befinden kann, sondern immer nur in genau einer Rolle. Weiters kann eine vorhandene Rolle nur an maximal zwei Benutzern vergeben werden. Dynamsiches SoD erstellt dynamisch während der Session die erlaubten Zugriffe eines Users. In diesem Kontext versteht man unter einer Session die Menge aller Zugriffe die ein Benutzer unter einer oder mehreren Rollen ausgeführt hat. Der wichtigste Unterschied zwischen statischem und dynamischen SoD liegt wohl, dass im Gegensatz zur statischen SoD die Benutzer beim dynamischen SoD in mehreren Rollen befinden können und die Einschränkungen dynamisch zur „Laufzeit", basierend auf historischen Werten, festgelegt werden. [2, S.8]

# 4 Mandatory Access Control

Das Mandatory Access Control Konzept definiert nicht wie bei dem DAC Modell, welche Subjekte welche Operationen auf welche Objekte ausführen dürfen, sondern teilt die Subjekte und Objekte in Zugriffsklassen ein. Als Objekte sind in diesem Kontext Elemente zu verstehen, die die Daten speichern (Tabellen, Zeilen, etc.). Subjekte sind aktiv und greifen auf Daten zu. Subjekte dürfen im MAC Modell nur auf Objekte zugreifen, die sich in der gleichen oder einer darunter liegenden Zugriffsklasse befinden. Objekte in einer darüber liegenden Klasse existieren quasi für das Subjekt nicht. Eine Zugriffsklasse besteht im Prinzip aus einem Security Level und einem Set of Categories. Der Security Level beinhaltet Levels, die nach ihrer Sicherheitsrelevanz sortiert werden können. Set of Categories können nicht nach der Sicherheitsrelevanz sortiert werden, da sie zum Beispiel nach Funktion oder nach Institutionen klassifiziert werden (z.B. WWF, Bundesheer). [2, 8-13] An dieser Stelle möchte ich eine Definition von dem Artikel „Database Security - Concepts, Approaches, and Challenges" von Elisa Bertino und Ravi Sandhu angeben:

5

- „Access classes are partially ordered as follows: An access class $c_i$ dominates ($\geq$) an access class $c_j$ if and only if the security level of $c_i$ include those of $c_j$. Two classes are said to be incomparable if neither $c_i \geq c_j$ nor $c_j \geq c_i$ hold." [2, S.9]

Ich werde noch folgendes allgemeines Beispiel angeben: Es sind folgende Zugriffsklassen definiert, ZKA, ZKB, ZKC, wobei gilt ZKC $\geq$ ZKB $\geq$ ZKA. User1, User2 sind in der Zugriffsklasse ZKA. User3, User4 sind in der Zugriffsklasse ZKB und User5, User6 sind in der Zugriffsklasse ZKC. Nun gibt es die Objekte OB1, OB2, die in der Zugriffsklasse ZKA sind. Weiters gibt es noch die Objekte OB3, OB4, welche sich in der Zugriffsklasse ZKB befinden. Zuletzt ist noch ein weiteres Objekt OB5 vorhanden, welches sich in der Zugriffsklasse ZKC befindet. Nun gilt folgendes:

- User1 und User2 können nur auf die Objekte OB1, OB2 zugreifen, da sich beide in der Zugriffsklasse ZKA befinden

- User3 und User4 können auf die Objekte OB1, OB2, OB3, OB4 zugreifen, da sich die Objekte OB1, OB2 in der Zugriffsklasse ZKA befinden, User3 und User4 sich aber in der höher priorisierten Zugriffsklasse ZKB befinden und somit auf weniger Sicherheitsrelevante Klassen zugreifen können. Der Zugriff auf Objekt OB3 und OB4 ist möglich, da sich diese in der gleichen Klasse wie die User User3 und User4 befinden.

- User5, User6 können auf die Objekte OB1, OB2, OB3, OB4 und OB5 zugreifen. Die Erklärung ist zu den oberen beiden analog.

Das MAC Modell hat jedoch einige Probleme. Einserseits gestaltet sich die Zusammenarbeit zwischen Mitarbeitern in einer Organisation, die sich jeweils in einer anderen Zugriffsklasse befinden als schwierig. Da die Objekte, die ein User in einer höheren Zugriffsklasse modifiziert, nicht mehr von einem User in einer niedrigeren Zugriffsklasse lesbar sind. Andererseits ist die Klassifizierung aller Subjekte und Objekte in einem großem Datenbanksystem mit einem zu hohem Aufwand verbunden. Die im nächsten Kapitel vorgestellen Multilevel Datenbanken können einige dieser Probleme lösen.

# 5 Multilevel Datenbanken

Mit der Multilevel Datenbank Technologie ist es möglich Bereiche der Datenbank zu verstecken, auf die der User keinen Zugriff hat. Es werden also keine Fehlermeldungen bei einem nicht autorisierten Zugriff ausgegeben. Wenn ein Subjekt nicht weiß, dass bestimmte Tabellen, Datensätze oder ähnliches existieren, wird die Motivation in einen gesperrten Bereich einzudringen erst gar nicht hervorgerufen. Problematisch wird es, wenn ein Benutzer einen Datensatz in eine Tabelle einfügen will, der schon existiert, er ihn aber aufgrund er

6

| Einstufung | Kurzzeichen | Name | Beschreibung |
|---|---|---|---|
| top secret | PSpy | Spionageprojekt | Auspionieren der gesamten Bevölkerung |
| public | PGMA | GMA Seminarprojekt | Arbeit schreiben, um LVA abzuschliessen |

Tabelle 2: Beispiel für ein Zugriffsmatrix

Sicherheitsregelung nicht sieht. Offensichtlich kann die in relationalen Datenbanken geltende Integritätsregel nicht funktionieren, da diese das Einfügen von Tupel mit gleichem Schlüssel verhindert. Um dieses Problem zu lösen wurde die Polyinstanziierung eingeführt. Die Polyinstanziierung erlaubt das Einfügen redundanter Datensätze, wobei diese jeweils unterschiedliche Sicherheitseinstufungen besitzen müssen. [5, S.361-364] Abschließend wird ein Beispiel zur Verdeutlichung der Polyinstanziierung angegeben. Gegeben sei eine Tabelle Projekte, welche alle Projekte eines Unternehmens beinhaltet (siehe Tabelle 2).

Der Primary key ist in diesem Fall das Attribut Kurzzeichen. Legt nun ein Mitarbeiter, der von der Sicherheitsstufe „top secret" abgeschirmt ist, ein neues Projekt „PSpy" mit der Sicherheitsstufe „public" anlegen, ist dies in einem normalen relationalen Datenbanksystem nicht möglich, da dieser Tupel schon existiert. In einer Multilevel Datenbank ist das Einfügen eines solchen Tupels, aufgrund der Polyinstanziierung möglich, da dieses Projekt eine andere Sicherheitseinstufung (public) hat.

# 6 Kryptographie

Kryptographische Verfahren sind ein wichtiger Bestandteil im Bezug auf die Sicherheit in Datenbanksystemen. Die Verschlüsselung der Daten wird als weitere Sicherheitsschicht implementiert und soll den Zugriff und das Abhören der Daten, bei Versagen der Authentisierung und der Zugriffskontrolle, verhindern. Das Abhören von Daten hat in den letzten Jahren signifikant an Bedeutung gewonnen, da die Anzahl der Datenbankanwendungen, die über das Internet mit der Datenbank kommunizieren, stark gestiegen ist. Um die sensiblen Daten sicher über das Netz zu transportieren sind der Data Encryption Standard (DES) und RSA Alogrithmus von besonderer Bedeutung. Digitale Signaturen und das Public Key Konzept eignen sich dazu, Authentizität und Integrität zu gewährleisten. Die Verschlüsselung kann auf verschiedenen Ebenen erfolgen:

- Applikations - Schicht - Vermeiden von Datenmanipulation (z.B. E-Banking)

- Datenbank - Schicht - Vermeiden von Datenbankmanipulation (z.B. SQL - Injection)

- Speicher - Schicht - Schützen von Speicherblöcken, Dateien usw.

Der Nachteil von kryptographischen Methoden ist, dass die Verschlüsselung und die Entschlüsselung der Daten vor einer Abfrage Zeit und Rechenleistung verbraucht. [7]

# 7 Zusammenfassung und Ausblick

Diese Arbeit gibt einen Überblick über die historische Entwicklung der DBMS - Sicherheit, sowie einen Überblick über Zugriffskontrollen in einem Datenbank Management System. Weiters wurde eine kurze Einführung in Multileveldatenbanken und Kryptographie in Datenbanken gegeben. Aktuelle und mit Sicherheit interessante Forschungsgebiete in diesem Gebiet sind derzeit Hippocratic Databases, Verteilte Architekturen für sichere Datenbank Services, Sicherheit in Heterogene Datenbanken und Datenbank Honeypots. [7]

Man muss sich jedoch im Klaren sein, dass die Entwicklung neuer Technologien und Sicherheitsvorkehrungen wirklungslos sind, wenn die Betreiber einer Datenbank sich nicht an die Richtlinien halten. Weiters kann die Sicherheit der Daten nicht alleine durch eine Datenbank - spezifische Sicherheitspolitik garantiert werden. Viel mehr ist es erforderlich Sicherheit auf allen Ebenen zu implementieren und somit eine Gesamtlösung, die sich aus der Kombination von Datenbank -, Applikations -, Netzwerksicherheit zusammensetzt, bereitzustellen. [6]

# Literatur

[1] Disa, *DATABASE SECURITY TECHNICAL IMPLEMENTATION GUIDE Version 7, Release 1*, 2004

[2] Elisa Bertino, Ravi Sandhu *Database Security - concepts, approaches, and challenges VOL.2, NO.1*, 2005

[3] Ponemon Institute *Database Security 2007: Threats and Priorities within IT Database Infrastructure*, 2007

[4] Peter Dadam *Database Security: A Historical Perspective*, 2008

[5] Alfons Kemper, Andre Eickler *Datenbanksysteme*, 2009

[6] Blake Wiedman, Governmentsecurity.org *Database Security (Commonsense Principles)*, 2009

[7] Ryan Connelly, Robert Miller, Neeraj Kulkarni *Database Security Research Project*, 2009